D1723220

𝖵

Reiner Kunze

Die Aura der Wörter

Denkschrift

Radius

Reiner Kunze

1933 in Oelsnitz im Erzgebirge geboren, studierte Philosophie
und Journalistik an der Universität Leipzig. Aus politischen
Gründen mußte er die Universitätslaufbahn abbrechen, Arbeit als
Hilfsschlosser. Seit 1962 freiberuflicher Schriftsteller. 1976 Aus-
schluß aus dem Schriftstellerverband der DDR. 1977 Übersiedlung
in die Bundesrepublik Deutschland. Veröffentlichung u. a. von
Prosa- und Gedichtbänden. Zahlreiche Preise und Ehrungen,
darunter 1977 der Georg-Büchner-Preis und 2001 der Bayerische
Maximiliansorden für Kunst und Wissenschaft.

Dritte Auflage 2003

ISBN 3-87173-243-5
Copyright © 2002 by RADIUS-Verlag GmbH Stuttgart
Alle Rechte der Verbreitung, auch durch Film, Funk, Fernsehen,
fotomechanische Wiedergabe, Tonträger jeder Art,
auszugsweisen Nachdruck oder Einspeicherung
und Rückgewinnung in Datenverarbeitungsanlagen aller Art
sind vorbehalten.
Umschlag: André Baumeister
Gesamtherstellung: Clausen & Bosse, Leck
Printed in Germany

Du, deutsche Sprache, bist
dein eignes Meisterwerk.
Jorge Louis Borges

Etwas richtig zu stellen heißt, es richtig zu positionieren, etwas richtigzustellen, es zu korrigieren. Auch eine Aufgabe kann richtig gestellt und richtiggestellt werden. Gelesen wie gehört ist das, was gemeint ist, in jedem Fall eindeutig – gelesen, weil die Wörter »richtig« und »stellen« in der Bedeutung von »richtig positionieren« auseinander-, in der Bedeutung von »korrigieren« zusammengeschrieben sind, und gehört, weil das Wort, das durch Zusammenschreiben entstanden ist, anders betont wird als die getrennt geschriebenen Wörter (»richtigstellen« auf der ersten Silbe, die Einzelwörter jedes für sich). Würde verfügt werden, die beiden Wörter nur noch getrennt zu schreiben, wäre es nicht mehr möglich, ohne weiteres zwischen den Bedeutungen zu unterscheiden, und die Wörter verlören einen Teil ihres Ausdrucks- und Verständigungswertes. Wo sich im Geschriebenen nicht mehr auseinanderhalten ließe, was mündlich auseinandergehalten wird, bestünde außerdem die Gefahr, beim Vorlesen sinnwidrig zu betonen. Beträfe die Getrenntschreibung alle zusammengeschriebenen Wörter dieser und ähnlicher Art, ginge der Verlust an Verständigungsmöglichkeiten in die Hunderte, und mindestens das Doppelte an Wörtern könnte für bestimmte eindeutige Aussagen nicht mehr verwendet werden, was einer teilweisen sprachlichen Enteignung gleichkäme.

Eine »Handvoll« bedeutet eine betont kleine Menge, eine »Hand voll« dagegen eine Hand, voll von etwas. Ein Zusammenschreibverbot würde Wörter wie »Handvoll« aus der geschriebenen Sprache eliminieren und es künftig unmöglich machen, ähnlich zusammengesetzte Wörter zu bilden (eine der Wortquellen im Deutschen, um die wir beneidet werden).

Wie »nachschauen gehen« schrieb man auch »spazierengehen« vor hundert Jahren noch getrennt, heute schreibt man es zusammen. Wer nachschauen geht, begibt sich an einen anderen Ort, um nachzuschauen, wer spazierengeht, geht nicht, um zu spazieren, sondern bewegt sich auf eine bestimmte Art und Weise fort. »Spazierengehen« steht für einen körperlich-seelischen Akt, der als *Eines* gedacht und empfunden wird, weshalb man das Wort immer öfter zusammengeschrieben haben dürfte, während in dem Absichtsgefüge, zu gehen, um nachzuschauen – einem Geschehen aus zwei selbständigen Handlungen – die beiden Wörter selbständig blieben. Ähnlich erklärt es sich, daß wir »lesen lernen« oder »freundlich bleiben« auseinander-, »kennenlernen« oder »übrigbleiben« jedoch zusammenschreiben – wir lernen das Lesen, nicht aber das Kennen, und wer freundlich bleibt, war zuvor schon freundlich, wer übrigbleibt, war vorher nicht übrig. Die Schreibweise hat sich dem Sinn der Wörter und der ihnen innewohnenden Logik mehr und mehr angeschmiegt, und es ergab sich eine immer vollkommenere Übereinstimmung von Begriffsinhalt und Schriftform. Der Duden vollzog die Entwicklung nach, und heute ist das hohe Niveau der geschriebenen Sprache, unterschiedlich beherrscht, mehr oder weniger Gemeingut. Zu dekretieren, die zusammengeschriebenen Wörter seien wieder getrennt zu schreiben, hieße zu ignorieren, was eine Gemeinschaft von fast hundert Millionen Menschen in hundert Jahren an Sprachgefühl entwickelt und an Sprachintelligenz investiert hat.

Für jeden dieser Eingriffe würde gelten, daß er die Entwicklungs*richtung* der Sprache umkehrt – vom Hochentwickelten zum Primitiveren, vom Unmißverständlichen zum Mißverständlicheren, vom Feinen zum Gröberen.

Diesen und anderen Schaden der Sprache zuzufügen, haben jedoch die sechzehn Kultusministerinnen und Kultusminister der Bundesrepublik Deutschland beschlossen, und eher – so scheint es – errötet darüber ein Buch, als eine oder einer von ihnen.

Wer das Niveau der geschriebenen Sprache senkt, senkt das Niveau der Schreibenden, Lesenden und Sprechenden.

In ihrer Pressemitteilung vom 12. Februar 1998 stellte die Amtschefkommission der Kultusministerkonferenz fest: »In der Schreibwirklichkeit ... hat die Getrennt- und Zusammenschreibung nur eine geringe Bedeutung ...« Wenn die Amtschefs Laboranten wären und die Schreibwirklichkeit eine Versuchsratte, würden jene solange von ihr gebissen werden, bis sie die Finger von ihr ließen.

Eine »Differenzierung der Schreibung nach inhaltlichen Kriterien« sei »zugunsten der Getrenntschreibung ... aufgegeben« worden, hieß es. Weshalb? Die Kultusminister sagten: Damit die Kinder in der Schule nicht so viele Fehler machen. Dazu ein Lehrer: »Die Rechtschreibung ist nicht für die Schule da, sondern die Schule ist dazu da, die bestmögliche Rechtschreibung (und das ist die leserfreundlichste, wiedergabegenaueste) für hundert Millionen deutschsprechender, -schreibender und -lesender Menschen zu unterrichten. Die Frage darf also nicht lauten: Was bringt den Schülern Vorteile? Sondern die Frage muß lauten: Was bringt den hundert Millionen Schreibern und vor allem Lesern Vorteile? Und wenn die beste Rechtschreibung für den Lernenden ein bißchen schwieriger wäre als die zweitbeste, dann müßte eben die schwierigere Schreibung in der Schule gelehrt und gelernt werden.«

Ging es denn aber tatsächlich vorrangig um das Schreibwohl der Schulkinder?

»Es war ein intellektueller Vorzug der radikalen Rechtschreibreformer der sechziger, siebziger Jahre, dass sie keine Sprachpflege im Sinn hatten«, erklärte ein Reformverteidiger an herausgehobener publizistischer Stelle. »Sie wollten zunächst nicht die Orthografie, sondern die Gesellschaft verändern; die Orthografie war ihnen nur Mittel zum Zweck. Das Seltsame an der gegenwärtigen Debatte ist, dass dieses Ziel so gründlich vergessen wurde, dass selbst ehemals Linke ... die Reform bekämpfen.

Sie scheinen nicht zu wissen, dass es einmal um den Klassenkampf in den Schulen ging, sondern sehen heute im Gegenteil eine Obrigkeit am Werk, deren Festhalten an der Reform, so Grass, ›unserer mühsam erlernten demokratischen Verhaltensweise‹ widerspreche. Sollte die Rechtschreibreform doch noch scheitern, dann wäre das letzte große Projekt zu Fall gebracht, das uns aus der Aufbruchstimmung der siebziger Jahre geblieben ist.«

Darum ging es. Jahrzehnte nach Proklamierung der Absicht, die »Herrschaftssprache« zu »deregulieren«, wollte man endlich ans Ziel gelangen.

Die Kultusminister ermöglichten es.

Man ist angekommen auf dem Marsch durch die Institutionen, sie sind in beachtlichem Ausmaß erobert – das Lehramt, der Lehrstuhl, die Redaktion, die Kommission, das Ministerium. Und mancher scheint mitmarschiert zu sein, ohne es bemerkt zu haben. Ein Kultusminister sagte vor dem Deutschen Bundestag: »Nicht um die Neuregelung der Rechtschreibung geht es in Wahrheit. Es geht um die Frage, ob diese Gesellschaft veränderungsfähig und veränderungswillig ist. ... [W]as soll ... erst geschehen, wenn es wirklich ernst wird mit Veränderungen in Deutschland?«

Der Vogel, der das Schreibei der Demo-kratie ins Nest legte, heißt *Klassenkampf*. Und sie hat es ausgebrütet und füttert und füttert ...

Ein Sprachwissenschaftler der Johannes-Gutenberg-Universität Mainz wies nach, daß die Behauptung, die Rechtschreib-regeln seien von 212 auf 112 verringert worden, nicht den Tatsachen entspricht. Den 112 amtlichen Regeln könne man nur dann gerecht werden, schrieb er, wenn man 1106 Ausnahmebestimmungen be-rücksichtigte, in denen 105 Wortlisten (Ausnahmen von den Regeln) mit zusam-men 1180 auswendig zu lernenden oder nachzuschlagenden Wörtern enthalten sind. Die neuen Regeln bedeuteten nicht nur keine Lernerleichterung, sondern sie anzuwenden, hänge mehr denn je vom Bildungsgrad des Schreibenden ab.
In einem internen Papier der Duden-Redaktion wurde daraufhin erklärt: »Die inhaltlich falsche, aber politisch wirksame Formel ›aus 212 mach 112‹ muß auch im Duden ihren angemessenen Ausdruck fin-den.«
Die Formulierung »inhaltlich falsch, aber politisch wirksam« und die Richtlinie, die unwahre, aber politisch erfolgversprechen-de Losung in Umlauf zu halten, könnten

einem internen Papier der Abteilung für Agitation und Propaganda beim Zentralkomitee der Sozialistischen Einheitspartei Deutschlands entnommen sein.

Wie die Sache, so das Instrumentarium, sie durchzusetzen.

»Rechtschreibregeln für alle dürfen und können sich nicht am Leistungsvermögen eines Absolventen eines Gymnasiums oder an den Bedürfnissen von Schreibspezialisten orientieren«, schrieb ein Mitglied der Rechtschreibkommission. Der Experte ließ nicht im Unklaren darüber, an welchem Bildungsniveau sich die Regeln zu orientieren hätten: am durchschnittlich niedrigsten. »Neue Rechtschreibregeln«, erläuterte er, »müssen so strukturiert sein, daß sie nur solche Kenntnisse und Fähigkeiten voraussetzen, die bis zum Abschluß der Pflichtschulzeit schulisch vermittelt werden.«

Rechtschreibregeln können zwar unterschiedlich verständlich, nicht aber einfacher sein, als es die Kompliziertheit der Sprache erlaubt, und da der Entwicklungsstand der Sprache stets von den höchsten Anforderungen der Sprachgemeinschaft bestimmt wird, mußte die geschriebene Sprache partiell um hundert Jahre zurückentwickelt und in zahlreichen Einzelfällen bis zur Peinlichkeit primitiviert werden, um Regeln einführen zu können, die dem Leistungsvermögen am unteren Ende der Bildungsskala scheinbar entsprachen. Dieses kulturrevolutionäre Verständnis von sozialer Gerechtigkeit ist Teil jener Ideologie, deren Gesellschaftssysteme an sich selbst zugrundegehen.

Rechtschreibregeln haben dazu beizutragen, daß das, was es schriftlich auszudrükken gilt, hochdifferenziert, eindeutig, sofort verständlich und vielgestaltig ausgedrückt werden kann. Für ihre inhaltliche Beschaffenheit kann das Leistungsvermögen von Personen und Personengruppen kein Kriterium sein. Orientierungspunkt ist allein der jeweilige Entwicklungsstand der Sprache. Regeln, die ihm nicht mehr gerecht werden, müssen angeglichen oder außer Kraft gesetzt werden. Regeln einzuführen, die das Gegenteil dessen bewirken, was Rechtschreibung zu leisten hat, verbietet sich.

Im Interesse der Menschen wäre es, für die leistungsfähigste Sprache die leistungsfähigsten Rechtschreibregeln zu fordern, jeden zu fördern, der sich bemüht, sie sich anzueignen, und niemanden zu benachteiligen, weil er sie unvollkommener beherrscht als andere (es sei denn, die Arbeitsstelle, um die er sich bewirbt, setzt ein bestimmtes Maß an Rechtschreibkenntnissen voraus).

Um Verständnis werbend für den »klassen-kämpferischen Impetus« der frühen Verfechter einer Rechtschreibreform, machte einer ihrer heutigen Anwälte »ideologische Gründe« geltend. Er schrieb: »Vor allem Arbeiterkindern sollte der Zugang zu höheren Schulen ermöglicht werden; die Spitzfindigkeiten der alten Schreibung erschienen wie eine Hürde auf dem Weg des sozialen Aufstiegs, die von der Bourgeoisie listig errichtet worden war.«

Ich komme aus einer Arbeiterfamilie, doch erfuhr ich erst jetzt, also mit fast siebzig Jahren, daß uns Arbeiterkindern die »Spitzfindigkeiten der alten Schreibung« wie eine Hürde erschienen seien. Keinem von uns wäre der Gedanke gekommen, unserer Unterprivilegiertheit wegen – wir hatten es tatsächlich schwerer als manche anderen – die Rücknahme von hundert Jahren Sprachentwicklung zu fordern. Den sozialen Status von Arbeiterkindern als Vorwand für diese kulturelle Regression zu mißbrauchen, scheint das Privileg einer intellektuellen Minderheit zu sein, die sich als Vorhut und Vormund versteht.

Wir aber sind mündig und haben die *Partei neuen Typs*, die *Vorhut der Massen*, schon hinter uns.

Ein Ministerpräsident, den ich nach seiner Meinung über die Rechtschreibreform fragte, sagte mit sympathischer Offenheit: »Herr Kunze, ich habe keine Ahnung, worum es da geht!« Diese Äußerung könnte bezeugt werden, wobei die Zeugin jedoch als befangen gelten würde, denn ich bin mit ihr verheiratet.

Wenige Tage später ließ unser Gesprächspartner vor den Mikrophonen der Ministerpräsidentenkonferenz keinen Zweifel daran, daß die von den Kultusministern beschlossene Rechtschreibreform allen Einwänden standhalte.

Wer vom Staat getragen wird, der trägt den Staat.

Am 26. März 1998 rief die Vizepräsidentin des Deutschen Bundestages den Tagesordnungspunkt »Rechtschreibung in der Bundesrepublik Deutschland« auf. Nach einer interfraktionellen Übereinkunft hatte man für ihn 30 Minuten vorgesehen, und von 672 Abgeordneten waren während der Aussprache etwa fünfzig anwesend.

Die Sprache ist die Kaiserin, die tatsächlich keine Parteien kennt. Was Wunder, wenn fast keine Partei Partei für sie ergreift.

In der Bundestagsdebatte über die Rechtschreibung fragten Abgeordnete sinngemäß, ob wir in Deutschland denn keine anderen Sorgen hätten, und der stellvertretende Vorsitzende der Kultusministerkonferenz pflichtete ihnen bei. Einer seiner Amtskollegen hatte die Frage bereits außerhalb des Hohen Hauses gestellt. Statt den Fragern beizupflichten oder die Frage selbst zu stellen, wäre es das Amt des *Kultus*ministers gewesen zu antworten: Eben weil wir andere Sorgen haben, muß die Sprache eine unserer ersten Sorgen sein.

Brief von Michael K., 18.2.2000: »... mir ist weder die Notwendigkeit einer Rechtschreibreform eingeleuchtet, noch halte ich sie für irgendwie plausibel. (Wenn man will, daß Unsinn herauskommt, muß man nur Experten zusammensetzen. Das Wort ›Eltern‹, habe ich mir von einem solchen erklären lassen, werde weiterhin mit ›E‹ geschrieben, weil es zwar von ›die Älteren‹ abgeleitet, das Wort ›alt‹ jedoch ›negativ besetzt‹ sei, so daß Eltern ›gesellschaftlich nicht zugemutet‹ werden könne‹, mit ›alt‹ assoziiert zu werden. Soviel als kleines Schlaglicht 1.) auf die Schlüssigkeit, mit der die neue Rechtschreibung ins Leben gerufen wurde, und 2.) auf die Sorgen, die manche Leute haben.)«

Niemand wird es dem Zimmermann verdenken, daß er auf die Schneide seines Handbeils achtgibt. Der Schriftsteller aber, dessen Werkzeug die Sprache ist, wird mit Hohn bedacht, wenn er sich dagegen verwahrt, daß man der Schneide seines Werkzeugs eine Unzahl von Scharten beibringt. Ein Kultusminister sprach von der »Blüte der deutschen Literaturszene«, der »in Sachen ›Rechtschreibung‹ zu einem späten Pfingsterlebnis« verholfen worden sei. Vor dem deutschen Bundestag unterstellte einer seiner Amtskollegen den Schriftstellern »mystische und irrationale Argumente«, die »in Deutschland ... in hohem Ansehen« stünden, wofür er von einer Abgeordneten der PDS demonstrativen Beifall erhielt, und ein dritter ließ einen Schriftsteller über die Presse wissen, er solle lieber weiter gute Texte schreiben, »anstatt sich mit der nebensächlichsten Sache der Welt, der Rechtschreibreform, zu befassen«. (Man beachte: Ein *Kultus*minister nennt Eingriffe in die Sprache, die unter anderem das Verschwinden von fast tausend differenzierenden Schreibungen und zahlreichen Wörtern bedeuten, die nebensächlichste Sache der Welt und empfiehlt einem *Schriftsteller*, keine Notiz davon zu nehmen.)

Der Versuche waren nicht wenige, den Kultusministern bewußtzumachen, was ihnen offenbar nicht bewußt gewesen war. »Die Sprache«, schrieb ein Tübinger Philologe, »ist im Wortsinne die Materie der Dichter, was an ihr gemodelt wird, hat unmittelbaren Einfluß auf ihre Produktion, auf Satzbau und rhetorische Figuration, auf Vers, Rhythmus und Musikalität, auf Verständlichkeit und Eindringlichkeit, vor allem aber auf die ästhetischen Valeurs ihrer Texte. Ihren Veränderungen gegenüber gleichgültig zu bleiben bedeutet eine verräterische Stumpfheit im Umgang mit dem einzigen wichtigen Produktionsmittel, das Schriftsteller haben.« Ein Journalist und literarischer Übersetzer gab zu bedenken: »Die gleiche Rechtschreibung …, in der Zehnjährige ihre Diktate und Schulaufsätze schreiben, muß auch dem Schriftsteller für seine Wortkunstwerke und dem Geisteswissenschaftler für seine feinziselierten Gedankengebäude genügen, und ihren Bedürfnissen vor allem muß sie gerecht werden. Das ist nicht elitärer Hochmut, sondern pure Pragmatik: das Schicksal der Sprachkultur entscheidet sich in ihrer Fähigkeit zur Differenzierung, zu immer subtilerer Nuancenbildung, und die Sprachkultur kommt letztlich auch denen zugute, die sie nur unzureichend verstehen, denn sie ist unablösbar von der Fähigkeit zu differenziertem Denken, von der u. a. auch der technische Erfindergeist zehrt.«

In einer Wortmeldung aus Paris verwies ein Mitglied der »Commission générale de terminologie et de néologie« auf die Praxis der Académie française. »Die Akademie«, hieß es in dem Artikel, »schreibt ihr Wörterbuch, zwingt es aber niemandem auf und läßt sich nichts vorschreiben. Vor einigen Jahren hat sie mehreren von Lexikologen vorgeschlagenen geringfügigen Änderungen zugestimmt, aber nicht ohne ausführliche Debatten, insbesondere mit den Schriftstellern.«

In einem Land, in dem Stimmen wie diese verhallen, als hätten sie nie gerufen, unterhält man sich über die Sprache am besten mit den Fischen.

Schlimm, wenn jemand das letzte Wort, aber kein Verhältnis zur Sprache hat.

Aus einer Streitschrift zur Verteidigung der Rechtschreibreform: »In der Rechtschreibdidaktik hat die Schreibung ›feind/Feind‹ … eine der Häufigkeit der Verwendung dieser Schreibung nicht entsprechende Beachtung gefunden.«

Wie soll man jemandem, dem sich bei diesem Satz die Feder nicht sträubte, begreiflich machen, was einem Schriftsteller die Sprachnuance bedeutet?

»Die deutsche Sprache mit ihren großen Schöpfungen vom Nibelungenlied über Luther und Goethe bis heute, diese reiche, elastische und kraftvolle Sprache mit ihren vielen Spielen, Launen und Unregelmäßigkeiten, mit ihrer hohen Musikalität, ihrer Beseeltheit, ihrem Humor ist der größte Schatz, der treueste Kamerad und Trost meines Lebens gewesen, und wenn Dichtungen und Dichter dieser Sprache gerühmt und gefeiert werden, dann gebührt ihr der Hauptanteil daran«, heißt es in einer nachgelassenen Notiz Hermann Hesses. »Wir Dichter gehören zwar mit zu den Arbeitern am Bau und an der Differenzierung der Sprache, aber was auch die größten Dichter ihr geben und hinzufügen können, ist unendlich wenig, ist nichts im Vergleich zu dem, was die Sprache uns gibt und bedeutet.«
Ein Dichter, der hinnähme, daß der Bau dieser Sprache beschädigt und sie um einen nicht unbedeutenden Teil ihrer Differenzierungen gebracht wird, müßte als Dichter zurücktreten. Und als Deutscher.

»Die literarische Produktion ist durch die Neuregelung der Rechtschreibung nicht betroffen. Künstler können auch in Zukunft wie bisher selbstverständlich frei mit der Sprache umgehen und sie im Zuge ihres literarischen Schaffens individuell gebrauchen. Sie brauchen sich um Orthographieregeln wie bisher nicht zu kümmern.« So die Kultusminister in ihrer »Dresdner Erklärung«.

Der Herausgeber eines Schullesebuches schrieb mir: »Aus genehmigungsrechtlichen Gründen dürfen nur Schulbücher auf den Markt kommen, die mit der ... Rechtschreibreform übereinstimmen ... Versuche, diese Bestimmung zu relativieren, blieben bei der bayerischen Staatsregierung erfolglos.« Meine zweite Ausbürgerung aus deutschen Schullesebüchern hat also bereits begonnen – diesmal durch die Kultusministerinnen und Kultusminister der Bundesrepublik Deutschland. Dabei geht alles rechtens zu: Der Schriftsteller darf schreiben, wie er will, und im Schulbereich wird man drucken, was man will. Der Schriftsteller aber ist dort wirklich zu Haus, wo seine Texte in den Schullesebüchern stehen.

Die Frankfurter Allgemeine Zeitung berichtete, auf die Literaturverlage werde immer wieder Druck ausgeübt, Texte für den Schulgebrauch der neuen Schreibweise anzupassen. Als Siegfried Unseld, Verleger des Suhrkamp Verlages, die Anpassung von Brechts »Mutter Courage« abgelehnt habe, sei ihm gesagt worden, daß dann »Mutter Courage« als Schullektüre nicht mehr tragbar sei.

Sie übertrumpfen die Taliban: Um der reinen Lehre willen bringen sie sich um die Statuen des eigenen Glaubens.

Dürfte ich zwischen einem Literaturpreis und einem Platz im Schullesebuch wählen, würde ich mich für den Platz im Lesebuch entscheiden (womit ich mich allerdings unbescheidenerweise für den kostbareren Preis entscheiden würde).

Immer habe ich geschrieben, wie ich schreiben wollte: Prosa in der herkömmlichen Orthographie, Lyrik – ausgenommen Verse für Kinder – in einer eigenen, strenggeregelten Schreibweise, die sich an die gemäßigte Kleinschreibung anlehnt und sich wechselseitig mit der Art meiner Gedichte herausgebildet hat. Was das Schreiben für Kinder betrifft, ist es mir von nun an jedoch verwehrt zu schreiben, wie ich will – nämlich so, wie die Kinder in der Schule schreiben. Sie werden bei mir nicht lesen »wie Leid der Freund ihnen tut« oder »wie Recht die Freundin hatte«. Wo man

»Leid« und »Recht« großschreibt, muß man auch ein »das« davordenken können, was in diesem Fall zur Folge hätte, daß das Sprachgefühl ausrastet und beschädigt wird: »... wie (das) Leid der Freund ihnen tut« oder »wie (das) Recht die Freundin hatte«. Im Unterschied zu vielen Schülerinnen und Schülern werde ich dort, wo das Komma nicht mehr zwingend vorgeschrieben ist, das Komma setzen, damit kein Satz entsteht, dessen Sinn sich erst nach mehrmaligem Lesen erraten läßt. Ich werde also nicht in jedem Fall schreiben: »Der Vater riet dem Jungen nicht entgegenzukommen«, sondern je nach Bedeutung »Der Vater riet, dem Jungen nicht entgegenzukommen« oder »Der Vater riet dem Jungen, nicht entgegenzukommen«. Ohne Komma wird der Satz immer bedeuten, daß der Vater dem Jungen nicht riet entgegenzukommen. Auch wird es bei mir Sätze wie diesen nicht geben: »Er roch den Brief in seiner Hand ihr Parfüm.« Der Satz wird lauten: »Er roch, den Brief in seiner Hand, ihr Parfüm.«

Immerhin werden die Kinder das, was ich schreibe, auch künftig sofort verstehen und beim Vorlesen richtig betonen können, und Erleichterungen wie diese werden ihnen nicht nur in der Kindheit von Vorteil sein.

Ich werde bis an mein Lebensende nicht nur ein Schüler der Sprache, sondern auch ein Sprachschüler bleiben. Wie oft schlage ich in Zweifelsfällen nach …

Die Seriosität von Regeln und Schreibweisen anzuzweifeln, die ein Gremium von Sprachwissenschaftlern ausgearbeitet hatte, wäre mir nie in den Sinn gekommen. Im Gegenteil, als 1996 das erste Wörterbuch der »neuen deutschen Rechtschreibung« erschienen war, ging ich es Seite für Seite durch – es waren 1040 –, und ich begann, Abschnitte des Regelwerks und viele der rotgedruckten Hervorhebungen im Wörterverzeichnis zu exzerpieren, um mich mit ihnen vertraut zu machen und sie mir einzuprägen. Mein Bedürfnis, mir die Neuerungen anzueignen, wich jedoch mehr und mehr dem Entsetzen vor ihnen, und als ich selbst unverzichtbare Wörter nicht wiederfand, wandte ich mich an die Öffentlichkeit.

Der damalige Präsident der Kultusministerkonferenz tat die Kritik damit ab, daß er sie auf »verzerrte Darstellung« der Reform zurückführte. Meine Einwände waren jedoch aus der Lektüre eines Wörterbuches erwachsen, auf dessen Einband stand: »Entspricht den neuen amtlichen Richtlinien und dem Schulgebrauch.« Auch behauptete der Präsident, die Leute brauchten sich nur drei, vier Stunden mit der Neuregelung zu befassen, um neunzig Prozent ihrer Probleme los zu sein, doch nach drei, vier Stunden waren neunzig Prozent der Probleme noch nicht einmal zu erkennen gewesen.

Der Pressesprecher eines Kultusministeriums ließ die Kritiker wissen, ihre Ablehnung der neuen Schreibweisen resultiere aus ihrer Bequemlichkeit, nicht umlernen zu wollen.

Eine Unterrichtsministerin äußerte, wir würden »den Kindern nicht gönnen, daß sie es leichter haben«.

Im Brief eines Ministerialbeamten an einen Schüler hieß es: »Zuerst einmal gilt es festzuhalten, daß die Neuregelung der deutschen Rechtschreibung nicht mehr zurückgenommen werden wird ... (Natürlich wird es ein paar ewig Gestrige geben ...).«

Als wir noch in der DDR lebten, sagte mir der leitende Offizier eines Volkspolizeikreisamtes, *was* in diesem Staat *wie* einzuschätzen sei, bestimme einzig und allein die in ihm herrschende Arbeiter- und Bauernmacht, und meine rhetorische Entgegnung, ich hätte bisher geglaubt, Teil dieser Arbeiter- und Bauernmacht zu sein, konterte er mit den Worten: »Auch wer Sie sind, bestimmen nicht Sie, sondern wir.« Es gibt Sätze, die im Ohr wachliegen.

Er gehörte zu den Exoten unter den Bundespolitikern: Er las Gedichte und suchte das Gespräch mit den Autoren. Deshalb hatte ich die Frage, was mir denn so sehr mißfalle an der neuen Rechtschreibung, von ihm nicht erwartet. Er wußte doch Bescheid. Was ihm also antworten, ohne ihm zu sagen, was er selbst wußte? »Wissen Sie«, sagte ich, »wenn ich in einer Festrede von Günter de Bruyn von ›schön gefärbten Verlautbarungen‹, im ›Spiegel‹ eine Orthographie wie ›weit gehend kontrollieren‹ oder in der Süddeutschen Zeitung die Überschrift ›Anders Denkende‹ lesen muß, obwohl der Beitrag Andersdenkende betrifft, dann tut mir das einfach weh.«

»Übertreiben Sie da nicht?« fragte er.

Darauf sagte ich: Das Wort besitzt eine Aura, die aus seinem Schriftbild, seinem Klang und den Assoziationen besteht, die es in uns hervorruft, und je wichtiger und gebräuchlicher ein Wort ist, desto intensiver und prägender ist diese Aura. Wer sie zerstört, zerstört etwas in uns, er tastet den Fundus unseres Unbewußten an. Wird man also ständig mit Wörtern konfrontiert, deren Aura zerstört ist, weil sie zerschnitten sind (»weit gehend« statt »weitgehend«), weil sie so, wie sie jetzt geschrieben werden, anders klingen (»Anders Denkende«

statt »Andersdenkende«) oder weil man ihnen eine Packung von drei »s« verpaßt und ihnen dann eine Spreizstange eingezogen hat (»Fluss-Senke«), dann ist die Wahrnehmung dieser Zerstörung jedesmal ein Mikrotrauma, eine winzige psychische Läsion, was auf die Dauer entweder zu Sprachdesensibilisierung, Abstumpfung und Resignation oder zu zunehmend unfreundlicheren Gefühlen denen gegenüber führt, die das alles ohne Not verursacht haben.

Ob ich annähme, daß die Kultusminister darüber jemals nachgedacht haben, fragte er.

»Friedrich Denk aus Weilheim hat ihnen die Beispiele seitenweise aufgeschrieben«, sagte ich, »und zwar lange vor Inkrafttreten der Reform. Aber auch der liebe Gott hätte keine Chance gehabt, die Kultusminister zu bekehren. Ihr Glück, daß es nur Friedrich Denk und nicht der liebe Gott gewesen ist, sonst kämen sie zur Strafe alle in die Hölle. Mit ihnen die Ministerpräsidenten, der damalige Bundesinnenminister und die gesamte federführende Ministerialbürokratie. In der Hölle träfen sie dann auf die Rechtschreibkommission.«

Er lachte. Dann kam er auf die Eingangsfrage zurück und sagte: »Aber ist das denn wirklich so wichtig?«

Novalis: »Vieles ist zu zart um gedacht, noch mehres um besprochen zu werden.«

Im Magazin einer parteinahen Stiftung hieß es: »Wir unterstützen die Rechtschreibreform und lehnen Abtreibung ab.«
Dieser Logik könnte sich selbst ein Fisch nicht entziehen, denn sie ist ununterschwimmbar.

Vielleicht wird man sich eines Tages der Reformansätze entsinnen, in denen für eine »vernünftige Freiheit im Umgang mit der Schriftsprache« plädiert wurde. Die Autoren verstanden darunter unter anderem das »Anheimstellen in Grenzfällen, die ihrem Wesen nach zur Festlegung nicht taugen«, was natürlich ein bestimmtes Regelwissen voraussetze. Es sollte im Ermessen des Schülers liegen, ob er »im Stillen« oder »im stillen« schreibt, und kein Korrektor sollte sich mehr gezwungen sehen, den Großbuchstaben zu fordern, wenn nach einem Doppelpunkt ein vollständiger Satz folgt. Mit dieser »maßvollen Freiheit«, meinte einer der Autoren, wäre in einem Volk, das nur in geographischer Hinsicht ein Volk der Mitte sei, viel gewonnen.
Mir scheint jedoch, daß eher jene ihren Marsch auf die Orthographie fortsetzen werden, die sie einem »restriktiven Ge-

heimbund« zuschreiben, »der die Massen vom Zutritt in die heiligen Hallen des Schreibens abhalten soll«, wie es in einer Wochenzeitung des Jahres 2000 hieß. Die Verfasserin der Kolumne schrieb: »Die Dämme sind gerissen. Wir schreiben nicht mehr so, wie wir von klein auf angewiesen wurden ...« (Verständlich, daß sich bei jemandem, der nicht das Glück hatte, schreiben lernen zu dürfen, sondern »angewiesen« wurde, wie man zu schreiben hat, ob solchen Terrors Haß anstauen mußte!) »Schafft ein, zwei, viele Orthografien!« titelte die Kolumnistin, und sie frohlockte, daß endlich »Beliebigkeit ... in der Orthografie angekommen« sei. Diese geistigen Nachkommen einer etablierten Minderheit haben allen Grund, zuversichtlich zu sein. Die Erfahrung hat gezeigt, daß sich auf lange Sicht die Demokratie zum Diktat bitten läßt.

Nachsätze, die zu Vorsätzen taugten, und deren Verfasser ein Lob verdient:
»Eigentlich ist es eine ganz einfache Sache mit der Rechtschreibung. Als ich in die Volksschule ging, wurde uns rechtschreibschwachen Schülern empfohlen, bei Unsicherheiten darüber, wie man ein Wort nach den Gepflogenheiten schreibe, das Wort erst einmal – so gut man es konnte –

hinzuschreiben und dann nach Gefühl zu beurteilen, ob es richtig oder falsch geschrieben sei. Hatte man den Eindruck, daß das Wort ›komisch‹ aussah, sollte man es noch einmal in anderer Form schreiben und solange damit fortfahren, bis man meinte, die richtige Fassung gefunden zu haben. Mit diesem Verfahren gelangte man nahezu bei allen Wörtern, die man schon einmal gelesen hatte, auf die richtige Version. Dieses Verfahren des Versuchs und Irrtums war eine kluge Methode, angewandt in einer kleinen Dorfschule von einem Lehrer, der wahrscheinlich keine großartige akademische Ausbildung genossen hatte – er stammte aus Lemberg und war Anfang des vorigen Jahrhunderts geboren –, der aber ein Mitgefühl für die Not der Schüler hatte und es letztlich mit Weisheit geschafft hat, daß wir alle weitgehend fehlerfrei schreiben lernten. Damals gab es noch nicht die Legastheniedefinition. Es blieb uns nichts anderes übrig, als geduldig schreiben zu üben und viel zu lesen. Der zweite Rat, den wir nämlich in dieser Dorfschule erhielten, war, viel zu lesen, die Heimatzeitung und Bücher ... In der Tat glaube ich heute, rechtes Schreiben habe ich von Karl May gelernt, dessen Bücher ich mir aus der Bibliothek der Kreisstadt auslieh ... Schreiben … wird durch Nachahmung gelernt. Man liest ein Wort, auf geheimnisvollen Wegen prägt sich seine schriftliche Gestalt ein, und man kann es später auch selbst wiedergeben: vielleicht nicht auf Anhieb, aber mit Hilfe des oben geschilderten schrittweisen Prozesses.«

Anhang

Ich danke
Friedrich Denk, Friedrich Dieckmann,
Matthias Dräger, Peter Eisenberg,
Wolfgang Frühwald, Dankwart Guratzsch,
Theodor Ickler, Wolfgang Illauer,
Wolfgang Kopke, Hans Krieger, Christian Meier,
Horst Haider Munske, Manfred Pohl,
Kurt Reumann, Heimo Schwilk,
Thomas Steinfeld, Werner H. Veith
und allen anderen Autoren,
auf deren linguistisches Wissen
und publizistische Informationen ich mich
in dieser Schrift stütze.

Anmerkungen und Quellen

S. 10 *Eine »Differenzierung der Schreibung nach inhaltlichen Kriterien« ...*
Klaus Heller: Rechtschreibung 2000. Die Reform auf einen Blick. Stuttgart / Düsseldorf / Berlin / Leipzig 1996.

S. 11 *»Die Rechtschreibung ist nicht für die Schule da ...«*
Wolfgang Illauer: Die neue Rechtschreibung in der Schule und in der Zeitung. Widerlegung der Argumente der Kultusminister und Reformer. In: Frankfurter Allgemeine Zeitung, 5. Oktober 2000.

S. 11 *»Es war ein intellektueller Vorzug ...«*
Jens Jessen: Dudendämmerung. In: Die Zeit, 10. August 2000. – Das österreichische Mitglied der Rechtschreibkommission Karl Blüml äußerte im »Standard«, Wien, vom 31. Januar / 1. Februar 1998: »Das Ziel der Reform waren ... gar nicht die Neuregelungen. Das Ziel war, die Rechtschreibregelung aus der Kompetenz eines deutschen Privatverlages in die staatliche Kompetenz zurückzuholen.«

S. 12 *»Nicht um die Neuregelung der Rechtschreibung geht es ...«*
Hans Joachim Meyer. In: Deutscher Bundestag – 13. Wahlperiode – 224. Sitzung. Bonn, Donnerstag, den 26. März 1998, Protokoll.

S. 13 *Ein Sprachwissenschaftler der Johannes-Gutenberg-Universität ...*

In der »Welt« vom 6. Oktober 1997 schrieb Dankwart Guratzsch: »Gegen die Behauptung, die Reform bringe Erleichterungen, haben sich ... 200 Mainzer Professoren verwahrt. In einer Petition an das Bildungsministerium von Rheinland-Pfalz verlangen sie, die Reform zu stoppen. Dabei stützen sie sich auf die Analyse des neuen Regelwerks, die der Germanist Werner H. Veith vom Deutschen Institut der Johannes-Gutenberg-Universität vorgelegt hat ... Falsch ist laut Veith auch die Behauptung, nach der die Reform ›pädagogisch sinnvoll‹ sei, weil ›Lernhindernisse abgebaut‹ würden und den Schülern ›mehr Sicherheit‹ geboten werde ... Die Schüler an den Grundschulen lernen nach seinen Angaben zunächst nur die Laut-Buchstaben-Beziehungen und würden daher ›mit den tatsächlichen Problemen noch gar nicht konfrontiert‹. Der Germanist stellt ... fest: ›Die Orthographiereform entfaltet ihre haarsträubende Unsystematik nicht in kindgemäßen Texten, sondern erst auf höheren Klassenstufen, an Gymnasien und Universitäten, in post- und außerschulischen Bereichen, im Umgang mit Behörden, beim Lesen und Verfassen von Alltagstexten, von Fach- und schöngeistiger Literatur‹.« (Siehe auch: Werner H. Veith: Das wahre Gesicht der Reform. In: Hans-Werner Eroms und Horst Haider Munske (Hg.): Die Rechtschreibreform. Pro und Kontra. Berlin 1997. In einem Brief vom

11.1.2002 schreibt Werner H. Veith: »Der Aufsatz erschien vor der Sitzung der Amtschefs … Damals war noch die Möglichkeit, vieles wieder zurückzunehmen, aber die Verantwortlichen hatten nicht den Willen dazu.«

S. 13 *»Die inhaltlich falsche, aber politisch wirksame Formel …«*
Zitiert nach Theodor Ickler: Fleisch Fresser. In: Frankfurter Allgemeine Zeitung, 14. Dezember 1998.

S. 14 *»Rechtschreibregeln für alle …«*
Hermann Zabel: Raus aus dem Schmollwinkel. Rechtschreibregeln, die für alle gelten, dürfen sich nicht am Leistungsvermögen von Gymnasiasten und Profis orientieren. In: Süddeutsche Zeitung, 19. Februar 1997. Der Verfasser im selben Beitrag: »Aufbauend auf solchen Basisregeln, muß ein neues Regelwerk Möglichkeiten der differenzierten Rechtschreibung und Zeichensetzung enthalten. Das Regelwerk sollte also auch den erhöhten Anforderungen von Schreibspezialisten und Schreibprofis Rechnung tragen.« Darzulegen, wie sich auf Basisregeln, die für *alle* gelten und Hunderte von differenzierenden Schreibungen unmöglich machen, »Möglichkeiten der differenzierten Rechtschreibung« für »Schreibspezialisten« aufbauen ließen, blieb der Verfasser schuldig.

S. 16 *»Vor allem Arbeiterkindern sollte der Zugang …«*
Jens Jessen: Dudendämmerung. In: Die Zeit, 10. August 2000.

S. 17 *Nach einer interfraktionellen Überein-*
      kunft ...
      Zitiert nach Albert Schäffer: Bundestag
      spricht sich gegen Rechtschreibreform
      aus. In: Frankfurter Allgemeine Zeitung,
      27. März 1998.

S. 18 *In der Bundestagsdebatte über die Recht-*
      schreibung ...
      Hans Joachim Meyer: »In der Tat, der Sturm
      gegen die Neuregelung der Rechtschrei-
      bung wird einmal in die historische Erin-
      nerung als eine der Grotesken der deut-
      schen Geschichte eingehen.« In: Deutscher
      Bundestag – 13. Wahlperiode – 224. Sit-
      zung. Bonn, Donnerstag, den 26. März
      1998, Protokoll. Hans Zehetmair: »Aber
      ich halte es ... für wirklich bedenklich,
      daß wir in diesem Deutschland, in dem wir
      derzeit wahrhaftig andere Sorgen haben ...
      tagtäglich aus berufenem und unberufe-
      nem Munde etwas über die Rechtschreib-
      reform hören.« In: Schulreport 3/1997.
      – Ders.: »Und manche Zeitgenossen ...
      müssen sich fragen lassen, ob sie gar
      keine anderen Sorgen haben in diesen Ta-
      gen.« In: Bayernkurier, 20. September 1997.
      – Friedrich Dieckmann schrieb im »Freitag«
      vom 22. September 2000: »Bei den Befür-
      wortern dessen, was als Rechtschreib-
      reform vor fünf Jahren den Charakter eines
      Ministerpräsidentenerlasses annahm, bei
      dessen Vorbereitung kein deutscher
      Schriftsteller, Verleger, Journalist einbezo-
      gen worden war, – bei diesen Opponenten
      einer Opposition gegen ein die Gepflogen-
      heiten des alten Obrigkeitsstaates erneu-

ernden Unternehmen kann man drei Argumente ausfindig machen. Das eine verweist darauf, daß es wichtigere Dinge gäbe. Es ist ein verfängliches Argument insofern, als es kaum ein wichtiges Ding des öffentlichen Lebens gibt, zu dem man nicht sofort ein noch wichtigeres ausmachen könnte; es ist ein Argument, das, weitergedacht, jede Mitbestimmung der einzelnen und der vielen bei den sie betreffenden Dingen ad absurdum führt. Gewiß gibt es wichtigere Dinge als die behördlichen Eingriffe in die Rechtschreibung; da aber jeder Schreibende und jeder Lesende mit ihr zu tun hat, betrifft ihre Änderung auch jeden. *Sie* ist ein naher, in die Handhabung jedes einzelnen gegebener Gegenstand; darum ist sie vorzüglich geeignet, dem Votum der Betroffenen ausgesetzt zu werden ...«

S. 19 *Ein Kultusminister sprach von der »Blüte der deutschen Literaturszene« ...*
Hans Zehetmair: Sind die Regeln Privatsache? In: tz München, 16. Oktober 1996.

S. 19 *... »mystische und irrationale Argumente« ...*
Hans Joachim Meyer. In: Deutscher Bundestag – 13. Wahlperiode – 224. Sitzung. Bonn, Donnerstag, den 26. März 1998, Protokoll.

S. 19 *»... anstatt sich mit der nebensächlichsten Sache der Welt ...«*
Rolf Wernstedt. Zitiert nach Hannoversche Allgemeine Zeitung, 6. März 1997.

S. 20 *»Die Sprache ... ist im Wortsinne ...«*
Gert Ueding: Literatursprache. In: Die Welt, 27. Juni 1998.

S. 20 *»Die gleiche Rechtschreibung ..., in der Zehnjährige ...«*

Hans Krieger: Der Rechtschreibschwindel. Zwischenrufe zu einem absurden Reformtheater. St. Goar 2000.

S. 21 *»Die Akademie ... schreibt ihr Wörterbuch ...«*

Jean-Marie Zemb: Ein Grund mehr, nicht Deutsch zu lernen. Einspruch aus Paris: Die Reform der Orthographie schadet im Ausland. In: Frankfurter Allgemeine Zeitung, 17. August 2000. – Der Verfasser im selben Beitrag: »In Deutschland hat sich die Gesamtsituation des sprachlichen ›Standorts‹ verschlechtert. Das Deutsche, auch das mit englischen Elementen durchsetzte Deutsche, ist dabei, die in kommunikativer Hinsicht wichtigste Eigenschaft eines Dialektes anzunehmen: Auf gleiche Weise Gedachtes wird uneinheitlich geschrieben. Die Vermehrung der Schreibweisen des Deutschen führt dazu, daß es bald nicht mehr zu den gelesenen (und im Ausland gelernten) Sprachen gehören wird ... Die Verleitung zu Übersetzungsfehlern wird in diesem Zusammenhang zwar selten erwähnt, darf aber in der Debatte über Fehleranfälligkeit eines Schreibsystems eigentlich nicht fehlen. Ein ... Beispiel soll verdeutlichen, daß es Neuregelungen gibt, die sowohl innerhalb der Sprache wie bei Übersetzungen zu Fehlern führen ... Gemeint ist die neue Getrenntschreibung, etwa von wiedervereinigt und wohlüberlegt. ... In beiden Fällen markieren beide Schreibungen nicht nur subtile Nuancen, sondern verschiedene grammatische Funktionen ... In den alten Wörtern ›wiedervereinigt‹ und

›wohlüberlegt‹ waren ›wieder-‹ und ›wohl-‹ Bestandteile eines selben, einheitlich gedachten Ausdrucks und wurden als solche durch eine im Sinn bleibende gesprochene Ligatur ausgezeichnet. Steht ›wieder‹ allein wie in ›Hat er schon wieder den Zug verpaßt?‹ oder in ›Wann wurde Polen wieder geteilt?‹, ist es eine Umstandsangabe, ein sogenanntes Argument. Wenn ›wohl‹ allein steht, kann es beispielsweise durch ›tatsächlich‹ oder ›keinesfalls‹ ersetzt werden, und zwar als ›Modalisator‹ der Aussage. Ohne in die Details zu gehen, wird jeder diese Frage verstehen: ›Haben sich die Reformer die Folgelasten wohl überlegt?‹ «

S. 21 »*In der Rechtschreibdidaktik hat die Schreibung ...*«
Hermann Zabel. In: Ders. (Hg.): Widerworte. Aachen 1997.

S. 22 »*Die deutsche Sprache mit ihren großen Schöpfungen ...*«
Hermann Hesse: Lektüre für Minuten. Frankfurt am Main 1997.

S. 22 »*Die literarische Produktion ...*«
Erklärung der Kultusministerkonferenz, Dresden, 25. Oktober 1996. – Im Urteil des Bundesverfassungsgerichts vom 14. Juli 1998 heißt es: »Soweit dieser Regelung rechtliche Verbindlichkeit zukommt, ist diese auf den Bereich der Schulen beschränkt. Personen außerhalb dieses Bereichs sind rechtlich nicht gehalten, die neuen Rechtschreibregeln zu beachten und die reformierte Schreibung zu verwenden. Sie sind vielmehr frei, wie bisher zu schreiben.« – Aus dem Alltag: Der Her-

ausgeber der 2001 in München erschienenen Anthologie »Väter« korrigierte eigenmächtig den Text »Fünfzehn« aus dem Buch »Die wunderbaren Jahre« nach den Regeln der neuen Rechtschreibung, und der betreffende Verlag druckte die veränderte Fassung, obwohl die Lizenzvereinbarung eine Anpassung an die neue Rechtschreibung ausdrücklich ausschloß. Kommentar der zuständigen Mitarbeiterin des lizenzgebenden Verlages: »Ich frage mich, ob wir dieses Problem jemals in den Griff bekommen ... Leider ist die Ignoranz, was dieses Problem angeht, in vielen Verlagen groß.« Da Anthologisten immer öfter die Texte nicht den Originalbänden entnehmen, sondern Anthologien, hat ein einziger Abdruck nach der neuen Rechtschreibung die weitere Verbreitung der veränderten Fassung zur Folge. Diese Praktiken zu kontrollieren und ihnen juristisch beizukommen, ist nahezu unmöglich. – In einem Brief vom 23.4.01, in dem ein Verleger mitteilt, daß er in ein Lesebuch für Realschulen unerlaubt einen Text in neuer Rechtschreibung aufgenommen hat, heißt es: »... würde ich Sie bitten, für dieses eine Mal eine Ausnahme zu machen, da sonst das Erscheinen des Buches zum Schuljahresbeginn in Frage gestellt wäre und dem Verlag ein großer nicht nur finanzieller Schaden entstehen würde.«

S. 23 *Die Frankfurter Allgemeine Zeitung berichtete ...*

Nach Reumann: »Überflüssig, verwirrend, schädigend«. Der Suhrkamp Verlag behält die alte Rechtschreibung bei / Unseld fordert einen Rückbau der Neuerungen. In: Frankfurter Allgemeine Zeitung, 16. Oktober 2000.

S. 24 *Was das Schreiben für Kinder betrifft* ...
Hans Krieger schreibt in seinem Buch »Der Rechtschreibschwindel«: »... mit der Ausschaltung des Sprachgefühls wird die Axt an die Wurzel der Sprachkultur gelegt.«

S. 26 *... die Leute brauchten sich nur drei, vier Stunden* ...
Nach Hannoversche Allgemeine Zeitung, 6. März 1997.

S. 27 *... ihre Ablehnung der neuen Schreibweisen resultiere aus ihrer Bequemlichkeit* ...
Nach einem Interview mit Toni Schmid. In: Informationen am Mittag. Deutschlandfunk, 14. Juli 1998.

S. 27 *»... den Kindern nicht gönnen, daß sie es leichter haben«* ...
Ministerin Gehrer, Österreich. Zitiert nach R. O., Wien: Gelassenheit in Österreich. In: Frankfurter Allgemeine Zeitung, 19. August 1997.

S. 28 *»Natürlich wird es ein paar ewig Gestrige geben ...«*
Bayerisches Staatsministerium für Unterricht, Kultus, Wissenschaft und Kunst, 8. August 1997.

S. 30 *»Vieles ist zu zart, um gedacht ...«*
Novalis: Die Dichtungen. Heidelberg 1968.

S. 30 *»Wir unterstützen die Rechtschreibreform ...«* Tassilo Klein: Schreiben in eigener Sache. In: Deutschland-Magazin, Oktober 1999.

S. 30 »... *vernünftige Freiheit im Umgang mit der Schriftsprache...*«
Friedrich Dieckmann: Umgang mit einem Staats-Streich. In: Berliner Zeitung, 1. September 2000.

S. 30 »... *restriktiven Geheimbund ... der die Massen ...*«
Barbara Schweizerhof: Postmodern. Die Reform. Schafft ein, zwei, viele Orthografien. In: Freitag, 1. September 2000.

S. 31 *»Eigentlich ist es eine ganz einfache Sache ...«*
Gerhard Sauer: Schreiben leichtgemacht. In: Deutsche Sprachwelt, 20. Januar 2001.
– Joachim Kaiser sagte in einem Interview mit dem »Tagesspiegel« vom 6. Februar 2000: »Wenn es das Fernsehen schaffen sollte, den jungen Leuten das entscheidende Lesealter, diese wunderbare Lesezeit, wegzuflimmern, dann sind die jungen Menschen verloren. Wer die Pubertät nicht zum Lesen nutzt, holt das nie wieder auf. Ich habe mal spaßeshalber gesagt, es gibt drei Möglichkeiten: Entweder man kommt belesen auf die Welt, oder man hat das meiste bis 20 gelesen, oder man liest es nie.«
– Heinrich Peuckmann schrieb in der Monatsschrift »Mut«, September 2000: »Fil Süla ken kain Rechsreibng‹ ... Diesen Satz lesen wir Deutschlehrer inzwischen fließend, aber es erreichen uns Texte, die nicht entzifferbar sind. Erst beim lauten Vorlesen verstehen wir halbwegs, was gemeint war. Un daß auck nich iemer. Diktate, die ich vor 20 Jahren problemlos schreiben lassen konnte, bringen heute die Katastrophe.

Mehr als die Hälfte ›mangelhaft‹ und ›ungenügend‹ genehmigt mir kein Chef. Inzwischen hat die Welle sogar das Gymnasium erreicht. Einer meiner Freunde aus der Lehrerfortbildung erzählte mir, daß er in seiner neuen Klasse 5 einen erzählenden Aufsatz als Thema gestellt habe. Die Arbeiten seien bis auf wenige Ausnahmen nicht zensierbar gewesen. Seine Frau, als Gesamtschullehrerin einiges gewohnt, kommentierte lakonisch: ›Willkommen im Club.‹ Als Studenten haben wir noch gesagt, daß Rechtschreibung nicht wichtig sei. Hauptsache, die Kommunikation klappt. Eine Einstellung, von der wir längst kuriert sind. Mit vielen Texten, die uns erreichen, klappt keine Kommunikation mehr ... Lesen können diese Schüler natürlich auch nicht. Ein kleiner Zeitungsartikel im Lokalteil überfordert sie vollständig. Tendenz steigend, vor allem bei den Jungen. Ein Roman – vielleicht von Grass oder Lenz ... – ist völlig außerhalb jeder Vorstellungskraft.« – »Welt am Sonntag«, 23. September 2000: »Auszüge aus der Klassenarbeit einer Handelsschülerin aus Nordrhein-Westfalen mit Hauptschulabschluß nach der 10. Klasse: *Aufgabe*: Erklären Sie, warum die meisten Güter wirtschaftliche Güter und nicht freie Güter sind! *Lösung*: Wirtschaftiche Güter ist wen man etwas hergescht hat das ist wischftliche güter und frei güter ist wen ich etwas freiwisch herstell. *Aufgabe*: Die RAND OHG kauft für ihre Abteilung Rechnungswesen ein neues Datenverarbeitungsprogramm.

Erklären Sie, ob es sich in diesem Fall um ein Produktionsgut oder um ein Konsumgut handelt! *Lösung*: Es handel sich um ein Konsumgut weil die nichz her stellen des wegen ist das Konsumgut ...« – In einem Brief vom 15. September 2000 aus Hessen heißt es: »Mein Name ist ... und ich bin freier Redakteur, der Schülerzeitung ... Im Deutschunterricht (Klasse 10) haben wir die Texte ... interpretiert und wir werden auch, ein uns fremden, von ihn geschriebenen Text aus dem Buch ... interpretieren müssen. Ich und wahrscheinlich auch viele andere Schüler fragen sich sicherlich, ob Sie oder auch andere Autoren sich tatsächlich bei jedem Wort, welches wir interpretieren etwas dabei gedacht haben ... Haben Sie sich wirklich, bei jedem Wort, dass interpretiert wird etwas dabei gedacht? ... Meine E-mail lautet: ...« – In der Februar-Nummer 2001 der Zeitschrift »Mut« schrieb Rolf Schmidt: »Die Leistungen der Schulen in Deutschland sind unabhängig von Schulform und Bundesland zumindest in den mathematisch-naturwissenschaftlichen Fächern schlecht und völlig unzureichend ... Zu befürchten ist, daß ein ähnliches Ergebnis für den gesamten sprachlichen Bereich aus der zur Zeit durchgeführten internationalen PISA-Studie das deutsche Schulsystem vollends erschüttert.« Die Befürchtung erwies sich als berechtigt. Die Rechtschreibreform wird Schreiben und Lesen zusätzlich erschweren.

Wer sich umstellen soll, muß dafür Gründe
haben, und er muß wissen, worin die Umstel-
lung besteht. Beides ist nicht gegeben ... Niemand, und schon gar nicht eine größere Öffentlichkeit, konnte ein klares Bild von den Folgen
der neuen Regeln gewinnen. Die Reformer haben sich nicht die Zeit genommen, ein hinrei-
chend großes Wörterverzeichnis umzustellen ...
Lautsprache und Schrift ... entwickeln sich ...
gemeinsam und nach vergleichbaren Gesetzmäßigkeiten. Diese Gesetzmäßigkeiten sind uns
nicht ohne weiteres bekannt. Wir können sie er-
forschen und uns ihrer bedienen, wenn wir sie
erkennen. Aber wir machen einen Fehler und
handeln uns Schwierigkeiten ein, wenn wir
gegen sie angehen.
  Peter Eisenberg
  Süddeutsche Zeitung, 19. Januar 1997

Für mich steht außer Zweifel, daß die Fachmini-
ster die Reform beschließen durften: daß sie dabei freilich schlecht beraten sind und diese Reform den Rand des Lächerlichen streift, müßten
sie bedenken ... Ärgerlich z. B. ist, daß durch
die neue Schreibweise Volksetymologien geboren werden, die »das Volk« selbst noch keineswegs festgeschrieben hat. Daß der »Mesner«, obwohl er als »Aufseher des Gotteshauses« von
»mansionarius« abgeleitet ist, nun mit der »Messe«
zu tun haben, also »Messner« geschrieben wer-

den soll, ist töricht. Das »Quentchen« (neu: »Quäntchen«) ist »ein Fünftel« (von lateinisch »quintus«, nicht »quantus« abgeleitet) ... Wer sich »belemmert« fühlt (neu: »belämmert«), fühlt sich nicht wie ein Lamm, sondern eher »gelähmt« (von »belemen« = »lähmen«) ... Durch neue Regeln für Trennung und Zusammensetzung entstehen Rätselworte ... Mit der keineswegs einsichtiger gewordenen Regelung der Groß- und Kleinschreibung im Deutschen werden nun auch Eigennamen undeutlich ... Das Problem der trennbaren Verben im Deutschen ist mit konsequenter Getrenntschreibung nicht gelöst, unsere Sprache aber ist damit um eine Ausdrucksform ärmer geworden. Den (nach dem unterschiedlichen Wortakzent kenntlichen) Unterschied zwischen »schwerfallen« und »schwer fallen« ... soll es plötzlich nicht mehr geben dürfen, und ein Wort wie »liebhaben« entschwindet als eigenständiges Lemma aus dem Lexikon der deutschen Sprache? ... Diese Reform ... greift tief in die Struktur der Schrift- und Drucksprache, in die Kulturgewohnheiten einer (einstmals?) auf Bildung, auch auf Sprachbildung ansprechbaren Sprechergemeinschaft ein.

Wolfgang Frühwald,
Forschung & Lehre 5/97

Schließlich glauben die Deutschen fest und gern an die Weisheit der Spezialisten. Sie akzeptieren noch das dümmste Regelwerk, wenn es nur aus den Händen der Fachleute kommt ... Rolf Wernstedt, als niedersächsischer Kultusminister und Präsident des KMK so etwas wie der erste Herold der Reform, hat wahrscheinlich recht, wenn er die Sache zum Prüfstein für die Politikfähigkeit des Landes ausruft ... Zur Entscheidung steht ..., ob der Untertan jeden Unfug und jede Pflichtvergessenheit, nur weil sie von oben kommt, hinnehmen muß oder ob er aus Eigenem, aus eigenem Recht, mit eigenen Ideen und auf eigene Kosten, dagegen etwas unternehmen darf.

Konrad Adam,
Frankfurter Allgemeine Zeitung,
16. August 1997

Es genügt, ... die beiden einzigen Sprachwissenschaftler von Rang zu zitieren, die der Rechtschreibkommission angehörten und beide unter Protest ausgeschieden sind: »Aus der Geschichte des Deutschen ist kein vergleichbarer Angriff auf das Sprachsystem bekannt« (Peter Eisenberg). Und: »Diese Rechtschreibreform ist nach Art und Umfang der vorgesehenen Änderungen ... ein wesentlicher Eingriff in die Struktur der Schriftnorm des Deutschen« (Horst Haider Munske).

Theodor Ickler,
Frankfurter Allgemeine Zeitung, 24. Juli 1998

Tatsächlich ist die Reform der deutschen Rechtschreibung ..., die am Ende von den Kultusministern in einem Gewaltstreich gegen eigene Experten verhängt wurde, ein einziges Fiasko. Munitioniert von angeblichen Fachleuten, dekretiert von ebenso hilflosen wie machtbewußten Politikern, hat die Reform in Wirklichkeit nur eines erreicht: Es gibt keine einheitliche deutsche Orthographie mehr. Anstatt einfacher zu werden, ist die Rechtschreibung ins Zeitalter vor ihrer einheitlichen Regelung, also ins neunzehnte Jahrhundert, zurückgekehrt: Auch damals mussten sich die großen Verlage mit Hausregeln behelfen ... Milliarden hat dieser Bankrott der deutschen Rechtschreibung gekostet, sie hat viele Tausende an Arbeitsstunden gefordert, sie hat in mehreren Schüben Berge von Büchern hervorgebracht, die innerhalb von kurzer Zeit überholt waren, und sie hat nie die Unterstützung der Bevölkerung besessen. Sie war das dümmste und überflüssigste Unternehmen in der deutschen Kulturpolitik nach dem Zweiten Weltkrieg: ein gemeingefährlicher Akt.

Thomas Steinfeld,
Frankfurter Allgemeine Zeitung, 26. Juli 2000

Der Staats-Streich, den jenes zentrale Komitee, das sich Kultusministerkonferenz nennt, im Jahre 1995 gegen die deutsche Schriftsprache führte, schien weitgehend geglückt ... An dem perfekt eingefädelten Überrumpelungswerk zeigten sich drei ineinanderspielende – nicht: ineinander spielende – Faktoren: die Indolenz einer spezialistenhörigen Bürokratie, die Betriebsamkeit eines autopoietisch um sich selbst kreisenden Spezialistentums und das handfeste Profitinteresse kommerzieller Nutznießer. Aus diesen drei Ingredienzien war der Trank gebraut, der dem Volk, dem großen Lümmel, eingetrichtert werden sollte; man wußte, daß er sich für das, was ihm bevorsteht, erst interessiert, wenn es eingetreten ist ... Der Staats-Streich gegen die deutsche Rechtschreibung war nicht nur konventikelhaft, sondern geradezu generalstabsmäßig organisiert worden; gezielt hatte man die Erörterung des Vorhabens in einem engbegrenzten Linguisten- und Ministerialkreis gehalten. Sieht man sich die Liste derer an, die den deutschen

54

Sprachbereich auf der entscheidenden Wiener Konferenz vertraten, so findet man nicht einen Schriftsteller, Journalisten, Lektor oder Verleger darunter. Vom Ministerialdirigenten Niehl bis zu der Verwaltungsangestellten Pella umfaßte die bundesdeutsche Delegation zehn Ministerialbeamte; sechs Professoren kamen im Beraterstatus hinzu.

Friedrich Dieckmann,
Berliner Zeitung, 4. August 2000

Völlig unakzeptabel und in jeder Hinsicht verwerflich ... erscheint die Rechtschreibreform dann, wenn man die Sprache in ihrer Funktion als Kulturinstrument betrachtet. Aus ihr heraus sind die großen Leistungen der deutschen Geistesgeschichte entstanden, und in ihr finden sie sich zugleich bewahrt. Generationen von Schriftstellern hat sie sich als ein Instrument von unschätzbarem Wert erwiesen; in ihren Möglichkeiten, ihrer spezifischen Gestalt und in ihrer Orthographie selbst manifestiert sich deutsche Geistesgeschichte. Sich bedeutungsdifferenzierender Elemente der traditionellen Orthographie zu entledigen und damit nachhaltig in das historisch gewachsene System einzugreifen bedeutet vor allem auch, das in ihr tradierte Schrifttum und die großen Editionsleistungen des zwanzigsten Jahrhunderts mit einem Schlage zu Makulatur zu erklären ... Sich staatlicher Reglementierung zu widersetzen wird angesichts dessen zur vornehmlichen Bürgerpflicht.

Horst Kruse,
Frankfurter Allgemeine Zeitung,
30. August 2000

Das achtzehnte Jahrhundert ist das Zeitalter der Aufklärung, aber auch das der Perücken, der Reifröcke und des Absolutismus. In dieses Jahrhundert führt die Rechtschreibreform ... zurück. Sie ignoriert die Sprachentwicklung, schreibt verzopfte, archaische, längst überholte Schreibungen vor und deklariert den Schreibusus des Rokoko als modern. Das ist dreist, und die Art und Weise, wie man das dem Sprachvolk aufzwingen will, ist absolutistisch, nicht aufgeklärt.

Helmut Glück,
Frankfurter Allgemeine Zeitung,
5. September 2000

Wenn die Presse zur alten Schreibung zurückkehrte, förderte sie die Rechtschreibkenntnisse der Schüler weit besser als durch die Verwendung der neuen Schreibung ... Die angeblich rückschrittliche und schülerfeindliche alte Rechtschreibung ist für all die Schüler, die das Denken lernen wollen, die ihren Wortschatz zuverlässig erweitern wollen und schlimme (gegen beide Schreibungen verstoßende) Fehler vermeiden wollen, wertvoller und nützlicher als die neue Rechtschreibung ... Die zögernden Zeitungen verursachen einen zweifachen schweren Schaden und verstoßen gegen fundamentale demokratische und journalistische Pflichten. Erstens: Sie tragen dazu bei, eine nicht nur schwerere, sondern erheblich schlechtere Rechtschreibung durchzusetzen. Das ist ein Schaden für alle Leser in unserer künftigen Gesellschaft. Das ist für alle Ausländer, die die deutsche Sprache lernen und lesen, ein großer Nachteil ... Die neue Schreibung gibt weniger Informationen über die Aussprache des Textes als die alte ... Meine nach Durchsicht des neuen Dudens geschätzte Gesamtzahl: über tausend ... Zweitens: Die Zeitungen ... geben den Schülern und Jugendlichen nicht nur ein Beispiel für mangelnde Denkfähigkeit, ... sie geben ihnen auch ein Beispiel für mangelndes Rückgrat, für Untertanengeist ... Die Presse hat nicht zu gehorchen, sondern für das Bessere und Richtige zu kämpfen.

Wolfgang Illauer,
Frankfurter Allgemeine Zeitung,
5. Oktober 2000

Am 1. Juli 1996 sollen die Kultusminister der deutschsprachigen Länder gezögert haben, ihre Unterschrift unter die Absichtserklärung zur Durchführung einer offenkundig unausgereiften Rechtschreibreform zu setzen. Erst als eine der anwesenden Personen einwarf, Bertelsmann habe schon gedruckt, unterschrieben sie. Tatsächlich lag am nächsten Morgen die »Neue deutsche Rechtschreibung« des Medienkonzerns in allen Buchläden ... Einen ... früheren Reformversuch kommentiert die Augst-Schülerin Hiltraud Strunk so: »Der Verzicht auf jegliche inhaltliche Information war nach den bisherigen Erfahrungen sicher richtig.« Es kam zu der bekannten Überrumpelungsaktion. Im Jahre 1995 gab Kultusminister Zehetmair dem »Spiegel« auf die Frage »Wissen denn die Deutschen in etwa, was auf sie zukommt?« in einem unbewachten Augenblick die klassisch gewordene Antwort: »Nein, überhaupt nicht. Die breite Öffentlichkeit ist so gut wie gar nicht informiert. Deshalb werden viele erschrecken, wenn es nun zu einer Reform kommt, und zwar auch dann, wenn noch einiges geändert wird. Viele haben gar nicht mehr an

eine Reform geglaubt, nachdem seit fast hundert Jahren alle Vorschläge gescheitert sind. Man wird uns, die Kultusminister, fragen: Was habt ihr denn da angestellt?«
Theodor Ickler,
Frankfurter Allgemeine Zeitung,
10. November 2000

Die Rechtschreibreform von 1996 bleibt ganz in dem Rahmen, der schon Jahrzehnte zuvor gesteckt worden war. Es überrascht daher nicht, wenn die Deutsche Gesellschaft für Sprachwissenschaft feststellt, die Reform entspreche »nicht dem Stand der sprachwissenschaftlichen Forschung«. Vielmehr indiziert dieses Urteil nur in sehr milder Form, daß die sprachphilosophischen Entwicklungen des zwanzigsten Jahrhunderts an den Protagonisten der Reform vorbeigegangen sind.

Dadurch allerdings, daß die Reform von 1996 einen beträchtlichen Teil ihrer Grundlagen gerade mit denen des letzten einer Realisierung nahegekommenen Rechtschreibreformversuchs gemein hat, gewinnt ihr theoretischer Anachronismus eine politische Dimension. Entsprechendes gilt fraglos auch für die von den Reformern immer wieder beschworene Tradition. Ihre ungebrochene Kontinuität allein hätte Grund genug sein müssen, die Geschichte des ganzen Unterfangens kritisch zu durchleuchten. Selbst eine höchstrichterliche Prüfung brachte jedoch nicht einmal die schlichte Tatsache an den Tag, daß der Weg der Reform von 1996 über die Schulorthographie einen Präzedenzfall einzig in dem Vorgehen des nationalsozialistischen Erziehungsministers hatte. Während es inzwischen für private Unternehmen zum guten Ton gehört, sich mit ihrer Geschichte im Nationalsozialismus auseinanderzusetzen, haben die Kultusminister und ihre Kommission sich von dieser Aufgabe frei gesehen. Daß sie mit dieser scheinbaren Naivität ans Werk gegangen sind, widerspricht der Sonntagsauffassung, es sei in Deutschland der schonungslose Umgang mit der eigenen Geschichte bereits habitualisiert. Sie läßt zudem erkennen, daß sich hierzulande kaum auch nur ein Bewußtsein dafür entwickelt hat, wie politisch jeder Eingriff in die Ordnung der Sprache unweigerlich ist.

Hanno Birken-Bertsch, Reinhard Markner: Rechtschreibreform und Nationalsozialismus. Ein Kapitel aus der politischen Geschichte der deutschen Sprache. Deutsche Akademie für Sprache und Dichtung 2000

Peter Bichsel: Möchten Sie Mozart gewesen sein?
Wilhelm Dehn (Hrsg.): Ist Mohn ein rotes Wort,
    ein schwarzes. Gedichte
Wolfgang Erk (Hrsg.): Literarische Auslese.
    Texte für jeden Tag des Jahres
Wolfgang Erk (Hrsg.): Für diesen Tag und für alle Tage
    Deines Lebens. Ein Brevier
Hannah Green: Ich hab dir nie einen Rosengarten
    versprochen. Bericht einer Heilung
Peter Härtling: Das Land, das ich erdachte. Gedichte
Peter Härtling: Vor Bildern. Für Maler. Porträts in Worten
Markus Haupt: Im toten Winkel meiner Zuversicht.
    Gedichte
Klaus-Peter Hertzsch: Der ganze Fisch war voll Gesang
Klaus-Peter Hertzsch: Sag meinen Kindern, dass sie
    weiterziehn. Erinnerungen
Ulrich Holbein: Ungleiche Zwillinge. Doppelporträts
Walter Jens: Das A und das O. Die Offenbarung
Walter Jens: Der Römerbrief
Walter Jens: Die vier Evangelien
Walter Jens: Der Teufel lebt nicht mehr, mein Herr!
    Erdachte Monologe - Imaginäre Gespräche
Walter Jens: Pathos und Präzision. Texte zur Theologie
Eberhard Jüngel: Beziehungsreich. Perspektiven
    des Glaubens
Günter Kunert: Texte, die bleiben. Anthologie der Autoren
Kurt Marti: Der Heilige Geist ist keine Zimmerlinde
Kurt Marti: Fromme Geschichten
Kurt Marti: geduld und revolte. die gedichte am rand
Kurt Marti: gott gerneklein. gedichte
Kurt Marti: Prediger Salomo. Weisheit inmitten
    der Globalisierung
DAS PLATEAU. Die Zeitschrift im Radius-Verlag
RADIUS-Almanach. 25 Ausgaben. 1978/79 bis 2002/03
Angelika Stein: Auf der Suche nach Jacques. Erzählung
Manos Tsangaris: Die kleine Trance. Gedichte
Iwan S. Turgenjew: Mumu. Erzählung

Prospekte und Informationen:

Radius-Verlag · Olgastraße 114 · 70180 Stuttgart
Fon 0711.607 66 66   Fax 0711.607 55 55
www.Radius-Verlag.de   e-Mail: radiusverlag@freenet.de